El derecho a cagarse en Dios

RICHARD MALKA

El derecho a cagarse en Dios

Traducción: Alberto Torrego Salcedo

libros del
Zorzal

Título original: *Le droit d'emmerder Dieu*

Diseño de tapa: Enric Jardí Soler
Foto de autor en solapa: © JF PAGA

España
<www.delzorzal.com>

ISBN 978-84-19196-82-8

Impreso en España / *Printed in Spain*

Índice

Siempre escribo mis alegatos. Y este más que ningún otro. Llegado el momento, hay que ajustar, improvisar según las circunstancias de la audiencia, la hora, la escucha; hay que olvidar determinados párrafos, desarrollar otros según la inspiración del momento. Las condiciones en las que pronuncié estas palabras ante el Tribunal Penal de París permanecerán en mi memoria mientras viva. Existía, claro, una carga emocional en este juicio, que me afectaba muy de cerca, aplastante, terrorífica, y justo en el momento del alegato uno de los acusados se contagió de COVID. Los aplazamientos de audiencia se sucedieron como un suplicio, semana tras semana, durante un mes. Y, por si esto fuera poco, las mascarillas en los rostros quitaban expresividad a las intervenciones y, peor aún, suprimían toda percepción de las expresiones de los magistrados, lo que daba la sensación de estar hablando en el limbo. Por último, todos estábamos agotados tras tres meses de una audiencia infestada de atentados y muertos. Así que lo acorté. La versión que presento aquí es más larga que la que pronuncié aquel viernes 24 de diciembre del 2020 por la tarde.

El tiempo que pasa, los contratiempos, los aplazamientos de audiencia, la indecencia de algunos, nada de esto puede cambiar la profundidad de nuestro dolor. El de vernos privados de la inteligencia, del talento, de la bondad y del humor de los que ya no están. Así que le buscamos un sentido como única manera de soportar la ausencia. Un sentido a lo que pasó y a este juicio. Y los dos están ligados de manera evidente.

Durante meses, me hice la misma pregunta sobre ese sentido y una y otra vez tropezaba con el mismo problema que resolví hace poco. Este juicio ha sido épico, trágico, atormentado y, en cierto sentido, novelesco. Ha desencadenado la furia del mundo entero, ha estado puntuado por atentados, nos ha dejado la palabra incandescente de las víctimas y nos ha extraviado en los laberintos de explicación de los acusados.

El principal sentido de este juicio es evidentemente juzgar a esos acusados. Mis colegas de la defensa nos lo recordarán con razón. Pero sería un error pensar que ese sentido es el único. No estamos en Estados Unidos, donde la parte civil está excluida del juicio penal y sólo tiene derecho a un juicio civil. En Francia, los legisladores eligieron otro sistema, y la parte civil está incluida en el juicio penal. A partir de entonces, lleva consigo su propia razón de ser. Y este tribunal ha dado a la parte civil el tiempo y el espacio necesarios para expresarse y reclamar una compensación. No creo que esto haga más liviano el dolor de las víctimas, pero resultaba indispensable hacerlo.[1]

El sentido de este juicio es también demostrar que el derecho prima sobre la fuerza. Todo esto sería ya suficiente para cualquier juicio, pero no para este, no con relación a los crímenes cometidos. Los atentados de *Charlie Hebdo* y del Hyper Cacher no son solamente crímenes. Tienen un significado, un alcance político, filosófico, metafísico. Los atentados cometidos por los hermanos Kouachi y por Amedy Coulibaly convergen en la misma idea. Son indisociables, han sido preparados juntos, comparten el mismo fin. Cuando Coulibaly mata judíos, no sólo mata judíos,

---

[1] En Estados Unidos, por ejemplo, el juicio civil (litigio entre individuos privados, que se resuelve generalmente mediante compensaciones económicas) y el penal (hacer respetar los valores establecidos por la sociedad en forma de normas de obligado cumplimiento) van por separado, y la parte civil no puede intervenir en un juicio penal. En Francia no es así. Por eso, el denunciante (parte civil) puede intervenir en el proceso penal en reclamación de responsabilidad penal y civil derivada de la anterior, aunque el fiscal no lo haya hecho. [N. del T.]

mata al Otro. El judío es el Otro. En todas las latitudes, en todas las épocas de la humanidad, desde el antiguo Egipto a la Alemania nazi, de los guetos de Polonia a los barrios reservados del Magreb, pasando por los *shtetls*[2] de Besarabia.

El judío es aquel que es diferente, que mantiene su identidad a través de los milenios. Es la idea de la irreductible singularidad, o sea, de la diversidad. *Charlie Hebdo* también es el Otro. Ese que es libre, libertario, que se expresa sin trabas y, aún peor, se ríe de todos aquellos cuyo pensamiento totalitario niega la diferencia. El sentido de estos crímenes es el aniquilamiento del otro, de la diferencia. Si no respondemos a esto, es que nos habremos detenido a mitad de camino, habremos sancionado el acto sin abarcar su real dimensión.

Pero ¿cómo abarcar esa dimensión cuando un tribunal de justicia no está hecho para proteger la libertad, la diversidad, sino sólo para apreciar elementos constitutivos de un crimen, una culpa, unas bases factuales?

---

[2] Pueblos habitados mayoritariamente por judíos en la región del sureste de Europa oriental. [N. del T.]

Esta es la problemática del presente juicio, y la solución es bien simple. Ustedes han organizado esta audiencia en dos tiempos muy diferentes: el tiempo de las víctimas y el tiempo de los acusados. Del mismo modo, creo que hay que aceptar que no hay uno, sino dos juicios: el de los acusados y el de las ideas que se han querido asesinar y enterrar. Son los famosos "valores republicanos socavados" que evoca el presidente Hayat[3] en la ordenanza que autoriza la grabación de este juicio.

Tales valores tienen su lugar en esta audiencia, le confieren una parte de su sentido. Estos crímenes no son crímenes como cualquier otro, y este juicio no puede ser un juicio como otro cualquiera.

No podemos limitarnos, como algunos querrían, a analizar las diferentes versiones, olvidos u omisiones de los acusados: no hay nada en el Código de Procedimiento Penal que impida tomar en consideración esta dimensión simbólica suplementaria; nada en el caso de la fiscalía, cuya palabra es libre; nada en el caso del tribunal, que dispone de un espacio de libertad en su

---

[3] Jean-Michel Hayat es un magistrado francés, primer presidente del Tribunal de Apelación de París. [N. del T.]

motivación, y, claro está, nada para los abogados de la querella, que somos nosotros. Y mi papel como abogado de la persona moral de *Charlie Hebdo,* que es, para los fanáticos, el gran *Otro* maléfico, no será el de acusar a las personas a las que se juzga, sino el de ocuparse, casi exclusivamente, del segundo componente de este juicio.

Este papel no me llevará a alegar para las cámaras ni para la historia. La historia aquí no es cosa mía. Quiero alegar para hoy, no para mañana; para los hombres de aquí y de ahora, no para los historiadores del futuro. El futuro es como el cielo: virtual.

A nosotros y solo a nosotros corresponde comprometernos, reflexionar, analizar y, a veces, correr riesgos para seguir siendo libres, para ser lo que queremos ser. A nosotros y solo a nosotros corresponde encontrar las palabras, pronunciarlas, escribirlas, para tapar el sonido de los cuchillos en nuestras gargantas.

Lo nuestro es reír, dibujar, disfrutar de nuestras libertades, vivir con la cabeza muy alta frente a los fanáticos que querrían imponernos su mundo de neurosis y frustraciones, en coproducción con universitarios cebados de comunitarismo anglosajón e intelectuales, herederos de aquellos que apoyaron a algunos de los peores dictadores del siglo xx, desde Stalin a Pol Pot.

Lo nuestro es pelear, como dijo Riss, director de *Charlie Hebdo,* para seguir siendo libres. Nosotros y los que nos sucederán. Esto es lo que se juzga hoy.

Y seguir siendo libres implica poder continuar hablando libremente sin ser amenazados de muerte, asesinados por un Kalashnikov o decapitados.

Mientras se desarrollaba este juicio, un docente fue cortado en dos (lamento estas palabras, pero este es el horror al que hemos llegado). Mientras se desarrollaba este juicio, mataron en una basílica y mutilaron de manera atroz en la calle Nicolas-Appert.[4] Amenazaron, adjuntando fotos, a dirigentes de *Charlie Hebdo* en varios comunicados, uno de ellos de Al Qaeda.

El mensaje de los terroristas es claro. Nos dicen: "Vuestras palabras, vuestras indignaciones, vuestra resistencia no sirven para nada. Seguiremos matándoos". Nos dicen: "Vuestros jueces, vuestros juicios, nos tienen sin cuidado, no los reconocemos y seguiremos

---

4 La sede de *Charlie-Hebdo* se encontraba por entonces en esa calle y allí tuvieron lugar los atentados. [N. del T.]

matándoos. Vuestras leyes dan risa. Sólo respondemos a las del Cielo y no tenemos miedo a morir. Preferimos la muerte a la vida". Nos piden que renunciemos a la libertad, porque con un cuchillo y un fusil ellos serían más fuertes que 66 millones de franceses, un ejército y una Policía. Es el arma del miedo, para hacernos abandonar un modo de vida construido a lo largo de los siglos.

Por eso, la pregunta evidentemente es: "¿Cómo responderles?".

Y todos los días leo editoriales, peticiones, artículos de grandes filósofos, de sociólogos, de bellas almas, e incluso de una antigua candidata a las elecciones presidenciales, que nos dicen que habría que abandonar el derecho a las caricaturas y el derecho a criticar libremente las religiones.

Pero ¿cómo pretender tal cosa con un mínimo de honestidad intelectual?

Hace unas cuantas semanas, hubo un atentado islamista en Austria. Sin embargo, no hay *Charlie Hebdo* en Austria, no hay caricaturas en Austria. Es uno de los últimos países europeos cuya legislación penaliza la blasfemia. No hay en Austria ni laicismo ni pasado colonial. Sin embargo, han sufrido un atentado. ¿A qué habrían tenido que renunciar los austriacos?

En Mozambique, a principios de noviembre, cincuenta jóvenes musulmanes fueron decapitados por una filial de Al Qaeda. Esos pobres desdichados no estaban caricaturizando al profeta ni leyendo *Charlie Hebdo*. ¿A qué habrían tenido que renunciar para seguir vivos?

Hace pocos días, en Nigeria, más de cien personas fueron maniatadas y degolladas por Boko Haram. Eran musulmanas. Tampoco estaban reivindicando el derecho a criticar libremente las religiones. Eran campesinos apacibles. ¿A qué habrían tenido que renunciar? ¿A la libertad, a la igualdad, a la fraternidad?

Odian nuestras libertades, nos lo ha dicho Sonia Mejri.[5] Son algunas de las palabras más fuertes que se han pronunciado en el transcurso de esta audiencia. Y sabe de lo que habla. Es una resucitada de Siria. Estuvo casada con un dirigente de Daesh.[6]

---

[5] Estuvo casada con uno de los acusados, Amedy Coulibaly, y fue testigo en el juicio. [N. del T.]

[6] Daesh es el acrónimo en árabe recomendado como denominación por distintos organismos para hacer referencia al grupo terrorista comúnmente conocido como Estado Islámico de Irak y Levante. [N. del T.]

Detestan nuestras libertades y no se detendrán. ¿Y saben por qué? Porque nosotros también somos el Otro. Porque somos uno de los pocos pueblos del mundo que es portador de otro universalismo que se opone al de ellos. Pero el nuestro, el de nuestra revolución, es portador de razón y libertad, mientras que el de los fanáticos está construido sobre el dogma y la sumisión. De modo que podríamos renunciar a todo lo que quisiéramos que ellos no pararán hasta vernos transformados en pececillos rojos girando en una pecera.

Mientras se desarrollaba este juicio, hemos recibido miles de amenazas y, para algunos de nosotros, señales más preocupantes aún, pero de eso no puedo hablarles. Y nuestras vidas se han vuelto más complicadas de lo que ya eran, y lo serán sin duda mucho tiempo después de este juicio, así que esperemos que al menos sirva para algo.

Mientras se desarrollaba este juicio, he recibido cada día en mi móvil los mensajes de la madre de Mila, que me reenvía las amenazas recibidas por su hija. Mila es una adolescente que no cometió delito alguno, como constató el fiscal de Vienne en Isère, y que no hizo más que ejercer su derecho a criticar el islam sin traspasar ningún límite legal.[7] La amenazan con destriparla, quemarla viva, violarla, degollarla. Le envían fotos de cabezas decapitadas. Ustedes no pueden imaginarse la violencia de los mensajes que recibe.

Y, mientras se desarrollaba este juicio, un joven ha sido condenado a tres años de prisión, de los cuales dieciocho meses son de cumplimiento efectivo, por haber subido a Facebook un video en el que imitaba la decapitación de esta joven con un cuchillo de carnicero.

Hoy es cuando hay que pelear, hoy es cuando todo se juega.

Pero ¿cómo hemos llegado a esta situación? ¿Qué guerra es esta que enfrenta a dibujantes con lápices o a profesores con pizarras contra fanáticos armados con Kalashnikovs o cuchillos de carnicero? ¿Qué clase de enredo de ideas, de hechos históricos, de discursos y de acontecimientos nos ha llevado a esta situación en la cual, por primera vez en el mundo occidental desde por lo menos el final

---

[7] En enero de 2020, la adolescente Mila Orriols, apelando a la libertad de expresión, hizo una intervención en Instagram en la que manifestaba su odio a las religiones en general y al islam en particular. Le llovieron amenazas de todo tipo y tuvo (y tiene) que ser protegida por la policía. [N. del T.]

de la Segunda Guerra Mundial, un periódico, después de haberse visto diezmado, se ve obligado a atrincherarse en un búnker situado en un lugar secreto? Y, finalmente, ¿quién ha alimentado al cocodrilo esperando ser el último en ser devorado, por citar a Churchill en los albores de la Segunda Guerra Mundial? Porque esta sigue siendo la misma historia: cuando nos vemos confrontados a fenómenos que nos dan miedo, algunos eligen pactar. Pero en determinado momento el cocodrilo muniqués engorda tanto a fuerza de ser alimentado con nuestras renuncias que lo que habría podido frenarse con un poco de valentía se convierte en un monstruo que amenaza con tragarnos. Y entonces el precio a pagar por seguir siendo libres se vuelve muchísimo más elevado.

La historia que voy a contarles es la historia de todos nosotros y es, en parte, la que les ha traído a este estrado. Espero que les interese.

La historia de las caricaturas

Mustafá es el mejor corrector que he tenido nunca, y he tenido muchos. Cuando hablaba de la lengua francesa, era apasionante, apasionado, y sus ojos chispeaban. "Su lengua era su patria", por citar a Camus, y podía hablar durante horas de la ubicación de un punto y coma o de la concordancia de tiempos. La concordancia de tiempos es importante. No siempre ha sido escrupulosamente respetada en el transcurso de esta audiencia, pero a veces han despuntado pequeños destellos de elegancia, como el 27 de octubre pasado, cuando el principal acusado utilizó el presente del subjuntivo: "Ustedes quieren respuestas que los satisfagan".

¿Quién utiliza hoy en francés el presente del subjuntivo? No es muy corriente. Mustafá habría disfrutado ese momento, lo habría esperanzado. Pero Mustafá está muerto.

Para él, como para todos los demás, la cuenta regresiva empezó en Ámsterdam el 2 de noviembre del 2004, en una callejuela, con el asesinato de Theo van Gogh, sobrino bisnieto del pintor.

Theo van Gogh era periodista y director de cine. Hay que decir que no era un personaje simpático. Había proferido declaraciones odiosas sobre los judíos: "Estrellas amarillas copulando en una cámara de gas". Había sido amenazado con una demanda judicial, que según entiendo no pasó de eso. Luego hizo declaraciones igualmente odiosas sobre Jesús, "el pescado podrido de Nazaret". También fue amenazado con demandas.

Y entonces, en 2004, dirigió *Submission,* con Ayaan Hirsi Ali, un documental que denuncia la sumisión de las mujeres en el islam. Esta vez no hubo amenaza de demanda: el 2 de noviembre del 2004, fue asesinado en una calle de Ámsterdam. Ocho balas en el cuerpo disparadas por un joven islamista de la facción takfirista[8] de la que tanto hemos hablado a lo largo de este juicio.

---

[8] Ideología mesiánica integrista musulmana que considera como principal enemigo a los malos musulmanes, por lo que combate a diversas corrientes islamistas, como los talibanes, y diferentes gobiernos integristas islámicos. [N. del T.]

Una vez abatido Van Gogh, su agresor se inclinó sobre su cuerpo y lo degolló. Lo decapitó casi. Luego le clavó dos puñales en el torso. En uno de los puñales, dejó una nota conteniendo una amenaza de muerte a Ayaan Hirsi Ali —tiene su lógica— y contra los judíos —vaya a saber uno por qué—.

Esta es la matriz del 2015. Ese mismo cuerpo, ese mismo crimen concentra las dos obsesiones de los islamistas: la libertad de expresión y los judíos.

El trauma en los Países Bajos fue considerable, y no menor que en los demás países nórdicos. Para Ian Buruma, uno de los escritores holandeses más reconocidos, era el fin de la Europa de la Ilustración, la vuelta al fanatismo, a lo religioso, un freno a la secularización de Europa. Otro escritor, danés esta vez, Kåre Bluitgen, de extrema izquierda y por lo tanto poco sospechado de "islamofobia", proyectó escribir un libro pedagógico, en absoluto polémico, sobre la vida de Mahoma. Cree que el conocimiento es la mejor muralla frente a la violencia. Tal vez leyó aquel versículo del Corán y las palabras de Mahoma: "La tinta del sabio es más sagrada que la sangre del mártir".

Se propone, entonces, hacer una especie de Corán ilustrado, así como existen Biblias ilustradas, y busca un ilustrador. Pero no lo encuentra. El único que acepta exige anonimato. Todos se niegan; el miedo ya ha ganado la partida; las tijeras están dentro de las cabezas. Kåre Bluitgen se subleva contra esta situación y escribe un artículo en el gran diario de izquierda danés *Politiken*, el 17 de septiembre del 2005, para denunciar la autocensura en cuanto el islam está de por medio.

Es entonces cuando Flemming Rose, jefe de redacción de las páginas culturales del *Jyllands-Posten,* diario de centro-derecha danés, lee ese artículo y reacciona con vigor. La historia de Flemming Rose recuerda el testimonio de Fabrice Nicolino, que en *Charlie Hebdo* denunciaba a los antiguos estalinistas reconvertidos en puntos de apoyo de los islamistas, porque de joven Rose había sido corresponsal de varias publicaciones en la Unión de las Repúblicas Socialistas Soviéticas (URSS) y había presenciado los horrores producidos por la ausencia de libertad de expresión, había sido testigo de la pesadilla que era la sociedad del miedo.

Fue así que Rose, decidido a no dejarlo pasar, pidió al sindicato de caricaturistas danés que le enviasen las famosas caricaturas de Mahoma. La mayoría, totalmente anodinas, se publicaron el 30 de septiembre del 2005 en el *Jyllands-Posten*.

Como consecuencia de ello, en Copenhague tuvo lugar una manifestación de unas tres mil personas en contra de la publicación de esas caricaturas. Significativo, pero tampoco como para preocuparse. Y luego, nada más. Durante dos meses, en Dinamarca, nada más.

El 17 de octubre del 2006, esas mismas caricaturas se publicaron en el diario *Al-Fagr,* en Egipto, en pleno mes del Ramadán. Ninguna reacción. Ningún movimiento. Durante dos meses, no pasó casi nada. En realidad, este asunto sólo alcanzó su verdadera dimensión, que condujo al 7 de enero del 2015, debido a un engaño, a una estafa. Y este engaño fue perpetrado esencialmente por los imanes daneses de la esfera de influencia de los Hermanos Musulmanes, junto con algunos salafistas.

En diciembre del 2005, esos imanes, enfadados con los malvados daneses islamófobos que, aguafiestas como son, impiden aplicar la *sharía,* recorren capitales árabes para movilizar al mundo musulmán. Y, para generar emoción, constituyen un dosier que incluye, no podía ser de otra manera, las caricaturas publicadas por el *Jyllands-Posten*. Pero, como saben que eso no basta, añaden algunas más.

Hemos podido recuperar el dosier que difundieron esos imanes daneses. Todo fue documentado, investigado, y esos imanes reconocieron sin vacilar el engaño. Pero ya era demasiado tarde, el mundo había empezado a arder.

Aquí tienen el dosier que se difundió. Como verán, contiene tres caricaturas más. Dos de ellas provienen de una página web de histéricos supremacistas blancos estadounidenses.

La primera es un dibujo infantil —las caricaturas danesas no son de gran calidad, pero tampoco son dibujos infantiles— y representa a una especie de diablo que tiene atrapadas a dos muñequitas con el subtítulo: "El pedófilo profeta Mahoma".

La segunda es aún más insultante: representa a un musulmán en oración sodomizado por un perro.

Ni hace falta decir que esas dos caricaturas nunca fueron publicadas por el *Jyllands-Posten,* son un invento.

Pero la tercera es aún más grave. Resulta que, en Tulle, cada año se celebra la fiesta del grito del cerdo, y, un día, a uno de los participantes le pareció gracioso presentarse ataviado con hocico y orejas de cerdo. Esta manifestación no tiene absolutamente ninguna relación con el islam, y sin embargo usaron la foto acompañada de la siguiente leyenda: "Este es el profeta Mahoma tal como lo representan en Occidente", la incluyeron en el dosier, y eso es lo que se le hizo creer al mundo árabe.

El mundo se inflama. Manifestaciones multitudinarias, banderas quemadas, declaraciones incendiarias, boicots, muertos, embajadas atacadas. Sobre el fundamento de un embuste de falsarios de la religión, esta falsificación provocó la muerte de muchos hombres, entre ellos Mustafá Ourrad. La mencionada falsificación hizo que se manifestaran decenas de miles de personas que no habían visto las auténticas caricaturas publicadas. ¿Y esto debería delimitar el perímetro de la libertad de expresión de todos los periódicos del mundo? ¿Y cada periodista de cada país tendría que someterse a ello? ¿Y fuimos nosotros, *Charlie Hebdo,* los que echamos gasolina al fuego?

El problema es que la mitad de la clase política e intelectual sostuvo ese discurso.

Pero ¿quién echa gasolina al fuego? ¿Quién caricaturiza el islam? ¿Nosotros o los imanes daneses? ¿Acaso los blasfemadores no fueron los Hermanos Musulmanes, que inventaron, crearon y difundieron esas caricaturas?

Ellos son los blasfemadores. Así que sí, es duro ser amado por imbéciles, como decía Cabu refiriéndose a los integristas, pero aún es más triste verse usados por unos estafadores.

Prendieron aquella mecha y desde hace quince años nos acusan de ser unos incendiarios islamófobos. Esas caricaturas son una creación de los Hermanos Musulmanes, esos que, como declaró Farid Benyettou,[9] son la puerta de entrada a todos los movimientos radicales. Los que están en la vanguardia, como dijo él, del asunto de las caricaturas desde el comienzo de los años noventa. Esto es interesantísimo, porque después del tiempo de la mistificación llegará el de la recuperación política. En enero del 2006, la muy oficial Organización de la Conferencia Islámica (OCI), que agrupa a 57 países musulmanes, interpeló a la Organización de las Naciones Unidas (ONU) a fin

---

[9] Antiguo líder extremista y reclutador de numerosos candidatos a la yihad en París, entre ellos Chetif Kouachi, Farid Benyettou cumplió una pena de seis años de prisión por asociación ilícita antes de declararse arrepentido.

de obtener la prohibición mundial de la blasfemia. Era una oportunidad de oro. Se inventaron esta organización, la OCI, de principio a fin, pero le sacaron jugo. La agenda política se puso en movimiento y la organización en cuestión pidió a la ONU la aplicación de la Declaración de los Derechos Humanos de El Cairo de 1990, especialmente el artículo 22, según el cual: "Todo el mundo debe tener derecho a expresar libremente su opinión a condición de que no entre en conflicto con la *sharía*".

En 2009, acabó obteniendo por parte de uno de los engendros de la ONU, el Consejo de los Derechos Humanos, una resolución —afortunadamente no obligatoria— para que todas las legislaciones del mundo fueran modificadas a fin de poder "perseguir toda difamación religiosa". El 3 de febrero del 2006, el jeque Al Qaradawi, guía espiritual de los Hermanos Musulmanes, proclamó un Día de la Cólera. El mismo día, Jacques Chirac, Bill Clinton —antiguo presidente de Estados Unidos— y Kofi Annan —secretario general de la ONU— declararon que "los periódicos que han contribuido a difundir las caricaturas han hecho un uso abusivo de la libertad de expresión" e hicieron un llamado a una "mayor responsabilidad y respeto hacia los sentimientos religiosos".

El mundo cedió ante el oscurantismo; la verdad quedó velada por la mentira. Ganaron los que detestan las libertades, y la sangre de las democracias les abrió el apetito. La operación de Al Qaradawi fue claramente exitosa, y se trató sólo de una etapa política.

En el otro extremo de aquel momento, o sea, al comienzo del presente juicio, uno de los más estrechos colaboradores de Al Qaradawi, el jeque Mohamed Hassan Dadou, hizo un "llamado al asesinato de *Charlie*". Este hombre influyente instalado en Qatar, con todos los honores debidos a su rango, reivindica un islam moderado y un espíritu de fe y amor que consiste en "infligir la muerte a aquellos que se burlen del profeta y saciar así la sed de venganza que inflama nuestros pechos". Es un amor algo duro.

Se lo cuento porque, además de ser el número dos de los Hermanos Musulmanes, es el inspirador del asesino del padre Hamel en Saint-Étienne-du Rouvray,[10] y

[10] Se refiere al hecho ocurrido el 26 de julio de 2016 con la toma de rehenes en la iglesia Saint-Etienne du Rouvray, en la región de Alta Normandía, cerca de Rouen, perpetrado por dos yihadistas de Daesh. El ataque culminó con el asesinato del padre Jacques Hamel, tres heridos y la muerte de los dos agresores. [N. del T.]

sus videos parecen haber sido también vistos por el terrorista del cuchillo de la calle Nicolas-Appert.

Sirva de anécdota edificante una cena benéfica organizada en 2019 a favor de este simpático personaje por la rama francesa de los Hermanos Musulmanes, la ex Unión de las Organizaciones Islámicas de Francia (UOIF), para colectar donativos, fiscalmente deducibles, en su propio beneficio.

Nadie sabe qué fue de los imanes daneses. Nadie ha vuelto a interesarse por ellos. Pero desde entonces, en todos los dosieres terroristas, se cita la historia de las caricaturas como una motivación. Y no estaría de más que esta historia fuera enseñada, que se supiera, que nadie ignorase que fue inventada por completo.

Pues sí, en el inicio de esta historia hay imanes daneses embusteros.

¿Conoce esta historia Justin Trudeau, que nos da lecciones en materia de acomodamiento no razonable[11]? ¿Conocen esta historia

[11] Alusión irónica al concepto jurisprudencial canadiense de *accommodement raisonable* (acomodamiento razonable), que busca acabar con una situación de discriminación fundada en una minusvalía, una religión, la edad, la raza, etc. Para Caroline Fourest, "inspirados en una visión anglosajona

todas esas bellas almas que opinan cada día sobre este asunto de las caricaturas y nos explican que hay derechos que sería preferible no ejercer?

¿Conoce esta historia el príncipe Al Thani de Qatar, que a todos nos da lecciones de antirracismo mientras mantiene a sus trabajadores extranjeros sin pasaporte y los trata como a esclavos? ¿Conoce esta historia el presidente Erdogan, que nos da también lecciones de tolerancia al tiempo que ordena masacrar a musulmanes kurdos por millares en auténticas operaciones de limpieza étnica?

Yo ya no entiendo nada: masacrar a miles de musulmanes no es islamofobia y, en cambio, publicar dibujos, sí. Que alguien me lo explique. ¿No saben esos personajes que en realidad fueron sus amigos los Hermanos Musulmanes los que blasfemaron y caricaturizaron?

Por cierto, tengo una primicia para el presidente Erdogan, ya que le reprocha a Emmanuel Macron haber permitido la publicación de *Charlie Hebdo:* nosotros no solicitamos la aprobación del presidente de la república antes

---

y maximalista de la libertad religiosa, esos 'acomodamientos' consisten en aliviar la norma común para 'acomodar' demandas particulares, casi siempre exigidas por minorías religiosas". [N. del T.]

de publicar nuestras caricaturas. E incluso, si quisiera impedirlas, no podría y no encontraría tribunal que lo respaldara. A eso nosotros lo llamamos libertad de prensa e independencia judicial, conceptos que, lamentablemente, ya no existen en la Turquía de Erdogan.

Pero la máquina se averió, especialmente en Francia. El grano de arena no se llamó *Charlie Hebdo,* sino *France Soir* y su director Jacques Lefranc, que decidió publicar las famosas caricaturas en solidaridad con los dibujantes daneses amenazados de muerte. En aquel momento, *France Soir* pertenecía a un hombre de negocios franco-egipcio, Raymond Lakah, que despidió a Jacques Lefranc de la noche a la mañana. Esa fue la gota que colmó el vaso. En solidaridad, *Charlie Hebdo* publicó esas caricaturas el 8 de febrero del 2006.

¿Llegaron a ver las caricaturas los Kouachi? ¿Entendieron acaso que el Mahoma de Cabu estaba del lado de los no integristas,[12] o sea, del lado bueno, puesto que precisamente lamenta ser amado por esos "imbéciles" designados como "integristas"?

---

[12] El integrismo defiende que un sistema (en este caso, una religión) es intocable. [N. del T.]

Ya saben lo que sucedió después. En 2006, la mezquita de París y la UOIF presentaron una demanda por hora para prohibir la publicación de *Charlie Hebdo,* y todas esas demandas fueron desestimadas.

En 2007, tuvo lugar el juicio sobre el fondo del asunto ante el tribunal. Lo ganamos. En 2008, la decisión fue confirmada por el Tribunal de Apelación de París. El derecho predominó y de manera absolutamente clara. La Justicia nos protegió, la causa judicial se cerró. Creímos haber ganado.

Queda un último elemento interesante y poco conocido sobre las caricaturas, que son el móvil del crimen. Naturalmente, el primer proceso judicial sobre las caricaturas tuvo lugar en Dinamarca en 2006, en un juicio que llegó exactamente a las mismas conclusiones que la Justicia francesa. Excepto que nadie habló de ello. Ningún eco, prácticamente, apenas unas pocas referencias. ¿Por qué? Porque esto es Francia. Porque esto es *Charlie Hebdo.*

Porque Francia tiene una historia particular. Porque es el primer país del mundo que abolió el delito de blasfemia. Porque es el país que aportó al mundo la idea de libre crítica a la religión. Y porque se trata de *Charlie,* porque tenemos una historia particular que no podía sino llevarnos a hacernos cargo plenamente de nuestro juicio.

Por eso, les contaré estas dos historias. La de la blasfemia en Francia y la de *Charlie.*

La historia de la blasfemia

Esta historia comienza en 1740 y Cabu es uno de sus herederos. A Cabu le encantaba dibujar juicios. Debería estar aquí, al lado de sus colegas. Cabu, que caricaturizaba a todas las religiones desde siempre, y a las otras con mucha más dureza que al islam. Cabu, que caricaturizaba a todas las instituciones, y al ejército antes que a ninguna otra.

No estaría mal que todos los sabios comentaristas supieran de lo que hablan. Casi no me atrevo a contarles el alegato que tuve que hacer un 14 de julio, el día de la fiesta nacional. Fue en 1993, y Cabu había dibujado en la portada de *Charlie Hebdo* al cabo Chanal, con el pantalón por los tobillos, montándose a un esqueleto a cuatro patas con la leyenda: "Revelación: el cabo Chanal... rompiéndole el culo al soldado desconocido".

¿Qué decir a los excombatientes que denunciaron ante la Justicia esta caricatura publicada en su día más sagrado, nada menos que el 14 de julio? También ellos se sintieron ofendidos, heridos, maltratados. Y sin embargo la Justicia les dijo que se trataba de la libertad de expresión, de la libertad de caricaturizar, de la tradición francesa.

¿Cómo explicarles que alguien puede reírse ferozmente de lo más sagrado para ellos, pero que no puede hacerlo si se trata de una religión? Habría que abandonar la posibilidad de publicar cualquier caricatura, porque siempre habrá alguien que se sentirá herido.

¿Cómo explicarle a Cabu que eso sí podía dibujarlo, pero no si se trataba de una religión? Cabu era, ante todo, un pacifista de mirada tan benevolente como su trazo era cáustico. Cabu estaba siempre feliz gracias a todas sus familias. Gracias, en primer lugar, a Véronique, gracias a *Charlie,* que él consideraba su hijo, y también gracias a *Le Canard enchaîné.* Era el heredero de una larga tradición, y esta tradición ahora atacada, asesinada, maltratada, que le da a este juicio toda su dimensión, se remonta al siglo XVIII.

Todo empezó con el señor Maupertuis alrededor de 1740. Ese físico genial, inventor de la física cuántica con un siglo y medio de antelación, sostenía que la Tierra no era completamente redonda, sino achatada en los polos, lo que contradecía al dogma que la Iglesia había terminado por admitir acerca de la redondez de nuestro planeta.

O sea que Dios se habría equivocado una vez más. La ciencia tiene sobre la religión la ventaja de que puede desdecirse sin desacreditarse. La razón progresa por sus errores cuando la fe muere por sus yerros. El escándalo de los polos achatados fue enorme, hasta el punto que Luis XV envió expediciones a los dos polos para zanjar la controversia. Confió una de ellas a Maupertuis, que se trasladó a Laponia, realizó sus mediciones y constató que la Tierra sólo era parcialmente redonda. Fue un duro golpe para la Iglesia.

Cinco años más tarde, apoyándose en este ejemplo, una decena de hombres se reúnen. Se llaman D'Alembert, Diderot, Rousseau... Y deciden aplicar el método Maupertuis a todas las actividades humanas: a las letras, a las ciencias, a la agricultura, a la filosofía. Su obra acaba siendo la *Enciclopedia*, inmediatamente inscrita en el Indice de libros prohibidos del papa por herejía. Observan el mundo prescindiendo de Dios, lo miran desde el ángulo de la razón, y nada volverá a ser igual. El mundo nunca volverá a ser el que era, se cambia de paradigma.

En pocos años, se deja atrás una sociedad que descuartizaba en la plaza pública a Beccaria por reclamar la abolición de la pena de muerte. Se reivindica la igualdad entre los hombres y las mujeres, inimaginable hasta ese momento. En pocos años, comienzan a oírse voces que exigen la igualdad para los judíos y la abolición de la esclavitud. Los enciclopedistas han cambiado el mundo, y sus valores burgueses —el trabajo, la transmisión de saberes— reemplazan los valores aristocráticos —la gloria por las armas, el elitismo—.

Los revolucionarios son los hijos de los enciclopedistas y saben bien la deuda que tienen con ellos. De modo que, cuando en 1789 proclaman la Declaración de los Derechos del Hombre y del Ciudadano, sacralizan la libertad de expresión y, por primera vez en la historia de la humanidad, declaran que se trata de una libertad fundamental con una magnífica fórmula, la de Mirabeau, reservada a esta única libertad: "Uno de los derechos más preciados del hombre". Saben que es la libertad madre y que sin ella ninguna otra puede existir.

Así, en 1791 los revolucionarios suprimen el delito de blasfemia del Código Penal.

Aún así, 224 años más tarde, ¡Cabu muere por haber blasfemado! El año 1791 es también el del decreto que otorga la igualdad para los judíos. Una vez más, el asunto está íntimamente ligado a la libertad de expresión.

Habrá que esperar un siglo más para pasar de la proclamación a la puesta en práctica. En 1881, se proclama la gran ley sobre la libertad de prensa, uno de los pilares de nuestra república, y se vota el 29 de julio.

Los debates en la Asamblea eran encarnizados, y es notable constatar hasta qué punto los enfrentamientos se focalizaban en las mismas cuestiones que hoy en día. Es como si *Charlie Hebdo* hubiera existido ya entonces.

Los dos puntos que plantean problemas son el estatuto particular del dibujo y la cuestión de la ofensa a la religión. Sobre el primero, el ponente de la ley, Eugène Lisbonne, responderá que "sólo la arbitrariedad puede afirmar que existe una diferencia entre la pluma del escritor y el lápiz del dibujante".

Y sobre el segundo punto, Clemenceau, en la Asamblea, responderá al obispo de Angers invocando la herida de los católicos ultrajados: "Dios sabe defenderse solo, no necesita a la Cámara de Diputados". Esta misma fórmula será prácticamente retomada más de un siglo después por el muftí[13] de la mezquita de Marsella a propósito de las caricaturas de Mahoma: "Un musulmán que cree que Dios no es lo suficientemente grande para defenderse solo es un musulmán que duda de la omnipotencia divina y no es un buen creyente". No es difícil de entender. Dios puede defenderse solo de los pobres mortales que somos; no es necesario suprimir a sus criaturas.

Ya ven, señor presidente, señoras y señores del tribunal, señoras y señores de la fiscalía, no tenemos alternativa. Renunciar a la libre crítica de las religiones, renunciar a las caricaturas de Mahoma, sería renunciar a nuestra historia, a la *Enciclopedia,* a la Revolución y a las grandes leyes de la Tercera República, al espíritu crítico, a la razón, al mundo regulado por las leyes de los hombres antes que por las de Dios. Sería renunciar a enseñar que el hombre es primo del mono y que no proviene de un sueño, renunciar también a que la Tierra no es completamente redonda. Sería renunciar a considerar a la mujer como una igual al hombre. Sería renunciar a que los homosexuales no sean condenados a muerte después de atroces suplicios, y preciso

[13] Un muftí es un jurisconsulto musulmán cuyas decisiones son consideradas como leyes. [N. del T.]

que, curiosamente, los 72 países del mundo en los que la homosexualidad sigue siendo considerada una abominación son aproximadamente los mismos en los que el delito de blasfemia sigue vigente. Sería renunciar a interpretar la obra de teatro de Charb sobre los estafadores de la islamofobia que les siguen el juego a los racistas, sería renunciar a interpretar el *Idomeneo* de Mozart o el *Mahoma* de Voltaire porque el miedo ha ganado. Los creadores en general han entendido muy bien que, cuando los islamistas desaprobaban una obra, no solamente querían suprimir la obra, sino también a su autor. Sería renunciar a la indomable libertad humana para vivir encadenados.

¡Sería renunciar a ese maravilloso derecho a cagarse en Dios! ¡Y a eso Cabu, tan bueno como era, no estaba dispuesto!

Eso era *Charlie.* Eso es *Charlie.* Jamás renunciaremos. Jamás, jamás, jamás. Y es nuestro derecho. Consagrado por nuestros tribunales. Pero también por la jurisprudencia del Tribunal Europeo de Derechos Humanos. ¿También habría que renunciar a ella? Es lo que une a centenares de millones de europeos.

Pues eso es lo que nos piden algunos intelectuales franceses.

Tomemos un arquetipo: Emmanuel Todd. Como saben, es el que consideraba que los cuatro millones de manifestantes del 11 de enero del 2015[14] representaban "a esa Francia enmohecida" de los "católicos zombis", y eso fundamentado en datos demográficos tan falseados como lo fueron las caricaturas por los imanes daneses.

Su argumentación, representativa de esa corriente intelectual, es la siguiente: "Blasfemar contra el islam es humillar a los débiles de la sociedad, que son los inmigrantes".

Ahora bien, ¿qué dice el Tribunal Europeo de Derechos Humanos? La sentencia de Otto-Preminger del 20 de septiembre de 1994 y todas las pronunciadas desde entonces vuelven a hacer uso del mismo enunciado. Dice el tribunal: "Todos los que elijan ejercer la libertad de manifestar su religión, sea como miembros de una mayoría o de una minoría religiosa, no pueden razonablemente esperar ser eximidos de toda crítica. Deben tolerar y aceptar la negación... Incluso

[14] Ese día, en París tuvo lugar una gran manifestación bajo el lema *Je suis Charlie*. Los asistentes se ponían del lado de las víctimas que pocos días antes habían sido asesinadas a sangre fría en la sede de *Charlie Hebdo*. [N. del T.]

la propagación de otras doctrinas contrarias a su fe".

Y sobre este fundamento, como sobre el fundamento de nuestra jurisprudencia, algunos periódicos, en este caso *La Grosse Bertha,* pudieron publicar una caricatura del papa sodomizado por un travesti. Y el tribunal, en esta ocasión el Tribunal de Apelación de París, y la propia Corte de Casación, por sentencia del 8 de marzo del 2001, consideraron que eso entraba dentro del ámbito de la libertad de las caricaturas. ¿Qué hacer, entonces? ¿Cómo considerar que esos dibujos sobre el cristianismo eran aceptables, pero no las caricaturas que se refieren al islam? Llega un momento en que hay que hablar alto y claro, y lo digo ahora movido por un deseo de inclusión: el islam no puede ser la única religión de este país que exija no ser criticada. Esto no es posible. No puede existir un trato de favor para el islam. El islam puede ser ofendido igual que el cristianismo, igual que el judaísmo, igual que cualquier religión. La república es eso. No podemos sacar al islam del pacto republicano. Sería el peor de los favores que podríamos hacerle. Sería crear frustración e incomprensión. Ese sería el primer escalón hacia la idolatría y el fanatismo. Que los ideólogos y los agoreros dejen de hacernos creer que hay una discriminación de Estado. No la hay. Existe igualdad para todos y el mismo tratamiento para todas las religiones. Las religiones deben ser objeto de sátira y, citando a Salman Rushdie, "de nuestra falta de respeto intrépido". Algo muy distinto de lo que dice Emmanuel Todd.[15]

Y muy distinto también de los pensamientos de alto alcance filosófico y de increíble altura espiritual, agárrese fuerte, señor presidente, del papa Francisco, que el 19 de enero del 2015, doce días después de los atentados, pronunciaba esta frase tan culta: "Si un gran amigo mío habla mal de mi madre, puede esperar de mí un puñetazo, y es normal. No se puede provocar la fe de los demás".

Pero ¿quién provoca a quién? ¿Quién insulta a la humanidad matando a golpe de Kalashnikov o de machete o decapitando? ¡Los que tienen fe! Nunca hubo en toda la historia de

---

[15] Emmanuel Todd rechazó de plano la manifestación del 11 de enero del 2015 afirmando, por ejemplo, despreciativamente, que la gente que había salido a la calle ese día era "de edad avanzada, urbanita, de clase media alta, y que —desde su punto de vista—, para nada representa la unidad nacional que pretende". [N. del T.]

la humanidad un crimen cometido en nombre del derecho a reírse de Dios. Las madres dolientes desde luego no son las del papa. Las madres en duelo se encuentran ahora mismo en esta sala. ¿Quién mata? ¿Quién encarcela?

Mientras se desarrollaba este juicio, el 8 de septiembre del 2020, Asif Pervaiz, un pakistaní encarcelado desde hacía siete años, fue condenado a muerte en su país por haber blasfemado vía SMS. El 17 de septiembre, en Bangladesh, un hindú fue condenado a siete años de cárcel por unas declaraciones publicadas en Facebook (ni siquiera las conocemos). A finales de agosto, Yahaya Sharif-Aminu, un joven cantante nigeriano de 22 años, fue condenado a muerte por una canción difundida en WhatsApp. Y si retrocedemos un poco más en el tiempo, Rimsha Masih, de 14 años, una joven cristiana con deficiencia mental, fue encarcelada en Pakistán por haber arrancado una página de un libro sagrado. El problema es que esta chica ni siquiera sabía leer y, por lo tanto, desconocía lo que arrancaba.

Fatima Naoot, una poeta egipcia, fue condenada a tres años de prisión por haber criticado el sacrificio de animales. Una sociedad sin libertad para criticar a Dios es así. Ni siquiera se puede criticar el sacrificio ritual.

Nahed Attar, periodista jordano, fue abatido en plena calle simplemente por haber compartido una caricatura. Eso me recuerda, aunque sea bastante anterior, a Naguib Mahfouz, Permio Nobel de Literatura, apuñalado en la garganta en una calle de El Cairo, y a Sadiq Mallalah, decapitado en Arabia Saudí por blasfemar, por no mencionar a Asia Bibi, que fue condenada a muerte por haber bebido de un pozo reservado a los musulmanes.

Pero lo más loco de todo es que el 25 de septiembre pasado, el mismo día del atentado con cuchillo de la calle Nicolas-Appert, Imran Khan, primer ministro de Pakistán, ese maravilloso país que condena por blasfemia a niñas de 14 años, subió a la tribuna de la ONU a quejarse de la islamofobia de *Charlie Hebdo* y del mundo entero, sin que se produjera la más mínima reacción diplomática por parte de Francia. Esto sí que es histeria patológica.

Sí, hay que correr riesgos para intentar que nuestros hijos no vivan en el mundo de los Kouachi, de los Coulibaly y de los Imran

Khan. La libertad de crítica de las ideas y de las creencias es el cerrojo que mantiene encerrado al monstruo del totalitarismo.

Lo que mancha a la humanidad, lo que insulta a Dios, si es que existe, no son nuestras caricaturas, es el asesinato de inocentes, son los chascarrillos del papa, son los delirios paranoicos del primer ministro pakistaní, es la ausencia de duda que caracteriza al fanatismo, es el potente veneno para el espíritu que es la ideología victimaria, la doble vara, o la acusación de "islamofobia", allí donde, en realidad, se aplica el derecho de la misma manera para todos. Ese veneno configura los espíritus en el rechazo del otro y en la violencia. Lo que ensucia a la humanidad es la estupidez de esos editoriales, de esos artículos, de esas declaraciones que explican que lo más responsable sería abandonar las caricaturas del islam para hacer de ella una religión excepcional.

El problema es que nosotros nunca hemos publicado caricaturas criticando al islam ni a otras religiones. Todas las caricaturas que han generado discusión y debate se han publicado con ocasión de desbordes integristas y violentos y de la irrupción de lo religioso en la política.

Ese fue el caso de las caricaturas danesas. Fue el caso igualmente de las caricaturas que mostró en clase Samuel Paty.[16] Fue el caso también de las caricaturas contra la Iglesia católica en la época de la reforma de la ley Falloux, en 1993.[17]

Lo que se critica una y otra vez es el fanatismo religioso, no la religión en sí misma. Nunca es gratuito. Dicho de otro modo, lo que se nos pide es que abandonemos el derecho de burlarnos del fanatismo. No podemos renunciar a eso. Sería recompensar el vicio, honrar la mentira, celebrar la infamia.

No podemos, porque somos *Charlie* y porque tenemos una historia particular.

---

[16] Profesor de enseñanza secundaria de la periferia de París, fue decapitado por un terrorista islamista en 2020 por haber mostrado a sus alumnos, en una clase sobre la libertad de expresión y tras invitar a los estudiantes musulmanes a abandonar el aula si así lo deseaban, una caricatura de *Charlie Hebdo* que representaba al profeta Mahoma. [N. del T.]

[17] Alude a la controvertida ley de enseñanza de 1850, que establecía un límite del 10% a la financiación por parte de los poderes públicos de la enseñanza privada. A partir de 1993, y con la oposición frontal de la izquierda, deja de haber límites. Las instituciones podrán financiar la enseñanza privada cuanto deseen. En Francia, el 95% de los centros privados son católicos. El asunto provocó una fuerte oposición de los defensores del laicismo en la enseñanza. [N. del T.]

La historia de *Charlie*

Esta es también la historia de Georges Wolinski. Todos conocían al genio del dibujo de prensa, pero era también un gran guionista de cómic. Había escrito el guion de *Paulette,* esa obra maestra del cómic erótico ilustrado por el inmenso Georges Pichard, otro libro que los Kouachi sin duda no leyeron.

Era, como los demás, alguien divertido, extraordinariamente afable, con una pizca de melancolía, y un enamorado también. Era conmovedor presenciar su amor por Maryse. Fue también uno de los fundadores de *Charlie,* esa aventura increíble de unos cuantos electrones libres, anticonformistas, que terminaron por escribir un pedazo de la historia de Francia, los últimos en tener esa ambición. ¿Cómo pudo recaer ese destino en las personas menos consensuales, más solitarias, más estrafalarias, más desorganizadas? Desde luego, si Dios existe, no le falta sentido del humor y una buena dosis de ironía.

En 1960, en la Francia encorsetada del general De Gaulle, Cavanna y Choron se conocen y deciden crear un periódico transgresor, principalmente de dibujos, un periódico para sacudir a la sociedad. Será *Hara Kiri,* con este eslogan: "Si no puedes comprártelo, róbalo". Cabu se une a ellos aquel mismo año, y luego Gébé, Topor, Wolinski, Reiser. En 1970, llega la prohibición (ya conocen esta historia). El 1 de noviembre, un incendio en una discoteca causa la muerte de 146 personas; el 9 de noviembre muere el general De Gaulle, y el 16 de noviembre *Hara Kiri* titula: "Baile trágico en Colombey. Un muerto". No le hizo gracia al ministro del Interior de la época, Raymond Marcellin, quien mediante toda una serie de medidas prohibió el título *Hara Kiri.* Por entonces, existía una publicación llamada *Charlie Mensuel,* en referencia a Charlie Brown, de *Snoopy*. Charlie... Charles, caía como anillo al dedo. Choron y Cavanna crean una variación semanal, que se convierte en *Charlie Hebdo.*

Dicho de otra manera, *Charlie Hebdo* nace de la censura de su predecesor. Dedicó su primera portada a denunciar... la censura en Francia. Está en su ADN, el periódico no podía renunciar a esta idea. En 1975, se convierte en el semanario más vendido de Francia.

Coluche se une en 1979, y *Charlie* acompaña su campaña presidencial en 1981.

Ese mismo año, la izquierda llega al poder y todo cambia. Ya no es tiempo de transgresión, el periódico probablemente no supo renovarse. Declinó, y quizás recuerden su entierro en aquella famosa emisión *Droit de réponse* [Derecho de respuesta] de Michel Polac, durante la cual se intercambió una catarata de insultos.[18]

Diez años de interrupción.

En 1992, bajo la conducción de Philippe Val, Cabu, Wolinski, Gébé, Cavanna y el cantante Renaud deciden relanzar el título.

Me vuelvo a ver a los 23 años redactando, probablemente muy mal, los estatutos de la sociedad editorial de ese periódico que, triste ironía de la historia, llamaron "sociedad Kalashnikov". Aquel periódico se convirtió en una cantera de talentos, los antiguos

---

[18] El 23 de diciembre de 1981, en una emisión del célebre programa, que debatía sobre el final de *Charlie Hebdo* por falta de lectores, se produjo un altercado en directo entre varios de los invitados con insultos e incluso golpes por diferencia de criterios respecto del cierre del semanario. Entre los invitados, se encontraban François Cavanna, el profesor Choron, Cabu, Siné, Wolinski, Jean Bourdier, Dominique Jamet, Serge Gainsbourg, Renaud y Pierre Desproges. [N. del T.]

y los modernos: Siné, Joann Sfar, Jul, Riad Sattouf, Catherine Meurisse, Fourest, Corcuff, Polac, Cavanna, Gébé. De todos ellos han oído hablar en esta audiencia, evidentemente, y de tantos otros que sabrán disculparme por no haberlos mencionado.

Crisis, rupturas, psicodramas, hubo tantos que no me puedo acordar de todos. Pero si en algo había consenso es en que la crítica a las religiones no se discutía. Preciso: religiones, no a los hombres en razón de su religión. Esa es la diferencia.

Este periódico se vuelve nuevamente ineludible. En 2006 se publican las caricaturas. Más tarde hablaré del período ulterior en que todo se degradó.

Y luego, en 2015, el atentado. Pero, a pesar del atentado y hasta el día de hoy, el periódico sigue siendo la piedra en el zapato de una época que probablemente va a tardar en cambiar. Una época en que la risa ha vuelto a ser sacrilegio.

Y esto me hace pensar furiosamente en aquel libro de Umberto Eco, *El nombre de la rosa,* y en la película del mismo nombre. La historia está basada en un hecho real. Estamos en el año 335 antes de Cristo. Aristóteles escribe la *Poética.* El primer volumen está consagrado a la tragedia y ha llegado hasta nosotros. El segundo volumen, consagrado a la risa, se perdió para la historia.

Y Umberto Eco se apropia de estos hechos e imagina que ese tratado ha sido hallado y se conserva a salvo en un monasterio del norte de Italia en plena Inquisición. Un monje lo descubre y comprende que la risa es un instrumento de verdad y libertad, un instrumento de lucha contra el fanatismo. Entonces, envenena el borde de las páginas para que todo aquel que lo consulte muera.

Da la impresión de que esta historia se interpreta eternamente. Pero a pesar de los muertos, a pesar de todo el dolor que han escuchado a lo largo de este juicio, *Charlie Hebdo* sigue resucitando a la risa. Este periódico vive en un búnker, pero vive. Vive con periodistas que ya no pueden caminar por la calle al lado de sus esposas o de sus hijos, pero vive. Vive rodeado de policías, pero vive. Vive con sus desaparecidos y sus heridos. Vive bajo las amenazas de Al Qaeda, de Daesh, de Pakistán, de Irán, de la Turquía de Erdogan, a quien no le generó ningún problema hablar de insulto a la religión en el momento de transformar Santa Sofía en mezquita. Este periódico vive con miles de dificultades de las que ustedes no tienen ni idea. Vive tras un año 2015 del que es mejor no hablar por lo dolorosísimo que fue, aunque Riss ya lo ha hecho en su libro. Vive gracias a sus lectores y a todos los que nos han ayudado. Vive gracias a esa maravillosa banalidad del bien. Vive, y no con miedo. E incluso, si tuviéramos que desaparecer todos, si el propio periódico tuviera que desaparecer, viviría todavía más. Esto es lo que los terroristas no entienden. Este minúsculo periódico de veinte personas ha sido transportado, a su pesar, dentro del torbellino de la historia y se ha convertido en un símbolo. Representa una idea y ya no morirá. Jamás. No se mata una idea.

Y además vive gracias a ellos, los supervivientes, las familias de los que ya no están y que subieron a este estrado y nos han dado una lección de dignidad. Todos, con sus muertos, relataron la ausencia y el amor, los recuerdos y el dolor, los combates y la tristeza, las indignaciones y la ternura. Han compuesto un maravilloso himno a la vida, y ese es el más hermoso homenaje que puede rendirse a los que ya no están. Ellos son la dignidad frente a la obscenidad.

No se puede matar una idea, pero ellos mataron a Elsa Cayat. Lamentablemente, no puedo hablarles de ella, porque no la conocía. Elsa había llegado a *Charlie* hacía poco.

Pero puedo hablarles de Honoré, el artista de la pandilla. Había creado un género, una técnica propia. Había inventado una manera de dibujar, jugaba con las palabras y con las formas. Era un dibujante poético, muy comprometido, evidentemente a favor de los más débiles, de los más frágiles. Si a alguien le viniera la idea descabellada de invocar a los bombardeos de la coalición internacional en Siria para justificar los atentados, preciso que este hombre, Honoré, no bombardeó a nadie. No se puede, como se ha esbozado a veces a lo largo de este juicio, pretender que los atentados se produjeron a causa de los bombardeos en Siria. No existe justificación alguna del asesinato de inocentes. Sólo la guerra eterna de la barbarie contra la civilización, y no hay causa para esta guerra en la civilización. Nuestros dibujos no son los culpables. Es la barbarie. Y los atentados de Austria, de Mozambique y de Nigeria lo demuestran ampliamente.

Los acusados

Esta reflexión sobre los medios de defensa que hemos visto esbozarse en el transcurso de esta audiencia me conduce a dedicarle unos instantes. Ya lo he dicho, no estoy aquí para acusar y no lo voy a hacer. No obstante, tres observaciones se imponen.

La primera es que, en un juicio en el que los crímenes se han cometido al grito de "¡Allahu akbar! ¡Hemos vengado al profeta!", resultaría bastante curioso reprocharnos, como se ha hecho, que hablemos de religión o que hablemos de religión más de la cuenta. Es como si juzgaran a un traficante de droga que les prohibiera hablar de su mercancía.

No tiene ningún sentido.

Pero ¿quién nos obliga a hablar de religión? Nos gustaría no hacerlo, todos nos sentimos incómodos por tener que hablar de ello. Pero las víctimas han caído en nombre del profeta, así que ¿qué hacemos?

Y este argumento, que nos reprocha hablar de religión simplemente para provocar, suena desagradable en mis oídos. Expresa la voluntad de imponer la negación de la realidad por la culpabilización y la victimización permanente. Para simplificar, a ustedes se los mata en nombre de la religión, pero son culpables de hablar de ello. Pues ya es suficiente, ya no funciona, no volverá a funcionar, es demasiado obvio. No se volverán a invertir los roles entre los verdugos y las víctimas.

La segunda observación en lo que se refiere a esa cortina de humo que se ha intentado organizar apunta a la posible responsabilidad de la policía. No sé si la policía ha protegido bien o mal a *Charlie Hebdo.* Y hay ciertas cuestiones que tengo atravesadas en la garganta, como aquel panfleto del sindicato Alliance, que denunciaba la protección de *Charlie Hebdo* en 2013, con un texto en el que esta se calificaba de "inadmisible" con tres signos de exclamación. Pero lo que sí sé de manera inequívoca es que ningún policía ha apretado el gatillo, que ningún policía ha proporcionado las armas, los chalecos antibalas y el dinero para organizar los atentados. Se trata de un juicio distinto, y no se pueden diluir las responsabilidades y organizar una tentativa de distracción invocando un defecto de protección. Si hubo fallas, pues habrá que debatir acerca de la responsabilidad del Estado. Pero esto es para otro juicio.

A nadie engaña esta cortina de humo.

Última observación. No me pronunciaré acerca de la culpabilidad de los acusados. No obstante, para mí, en ese dosier existe un crimen que no figura en ninguna parte del Código Penal, pero del cual son culpables al menos todas las personas que conocieron a Coulibaly: se trata del crimen de indiferencia. El crimen de complacencia activa.

Coulibaly era un delincuente recién salido de la cárcel. Había sido detenido por terrorismo. Era muy violento y muy peligroso. Muchos de los acusados lo han dicho. Coulibaly hablaba con quien quisiera escucharlo de las persecuciones a los musulmanes en el mundo, y eso era un buen indicador. Hablaba con quien quisiera escucharlo del maltrato a los musulmanes en Francia, y eso era un buen indicador. Hablaba de Palestina y de los sionistas, y eso era un buen indicador. Y sobre todo era obsesivamente antisemita. Uno no se levanta por la mañana y se dice a sí mismo: "Voy a matar a unos judíos". Y viene de lejos, es una obsesión. Y de esta obsesión evidente tenemos pruebas en el dosier. Al más mínimo enfado, cuando Coulibaly insulta, lo que le viene con recurrencia a la boca es: "Voy a matar a ese judío hijo de puta". Cuando se es capaz de decir eso de forma tan instintiva, es que se lo dice constantemente, que no se esconde, que está orgulloso de ello, que no se considera un problema. Sus diálogos debían de rebosar de este tipo de afirmaciones.

Y, además, hay un clima extraño en el dosier. Nos enteramos de que, en prisión, Abou Bakr Al Baghdadi, el "califa" de Daesh, era el Mesías y que la religión apacigua. Todos nos lo han dicho. No apacigua hasta el punto de no dedicarse al tráfico de estupefacientes, a la estafa y a apalear a las mujeres con gran facilidad. A otro perro con ese hueso. Están también esas reuniones de "vuelta a la religión" en las que se afirma: "Los judíos son los enemigos del islam". Nos lo ha revelado la exmujer de uno de los acusados. Y todas esas patrañas que nos han contado. Algunos han intentado incluso convencernos de que "no se habla de religión en la cárcel". La prisión vendría a ser incluso un lugar de desradicalización. Pero por favor... Uno de los acusados se distingue también por sus conocimientos de geografía. Cada vez que le preguntan si estuvo en Siria, responde: "No, yo estuve en Damasco". Claro, pero es que Damasco no es la capital de Suecia.

La conclusión de todo esto es que, con un mínimo de moral, prudencia e inteligencia, todas las alarmas deberían haberse encendido para los que están en el banquillo y conocieron a Coulibaly. Y moral parece que tienen. Pero han elegido una moral prehistórica: "No soy un chivato", una moral de bronce, intangible. Ojalá hubieran tenido los mismos principios morales para no ayudar a un delincuente que había sido perseguido por terrorismo, que era peligroso en extremo y manifiestamente antisemita.

Hacen gala de prudencia. A la menor alerta, se deshacen de sus teléfonos.

Y son inteligentes. El principal acusado utiliza el presente de subjuntivo y tiene una memoria de elefante. Argumenta tenazmente. Conoce cada página del dosier. Detecta todas las fallas. De otro acusado, se nos dice que tiene una inteligencia por encima de la media. Y el tercero es tan inteligente que no puede evitar mostrarlo. Tiene el don de la retórica, sus réplicas vuelan. Es seductor, le encantan las citas inspiradas.

Tienen la moral de sus intereses, son prudentes, son inteligentes. Lo cual los hace más imperdonables aún por haber sido amigos de Coulibaly, por haberlo ayudado y haber cerrado los ojos sobre quién era, y sobre lo que hacían ellos mismos. Uno de los acusados nos lo ha señalado con claridad: "No nos hacemos preguntas".

Lo último que se hacen son preguntas. Y hay un momento en el que no hacerse preguntas es un problema. Sobre todo, cuando la indiferencia se vuelve activa.

Los que avivaron las brasas

Sin la complacencia de su entorno, de los amigos, de las familias, ¿cuántos muertos se podrían haber evitado? Tal vez Bernard Maris y Tignous estarían aún entre nosotros.

Los evoco juntos porque es la última imagen que tengo de ellos, tal y como nos lo han contado los que los vieron, alrededor de la mesa de redacción, debatiendo acaloradamente sobre la novela *Sumisión,* de Michel Houellebecq, y discutiendo acerca de las raíces del terrorismo: Tignous alegaba causas sociales que Maris refutaba. Fue en ese momento preciso cuando el terror del que hablaban sobrevino.

También se parecían en su amabilidad, una bella cualidad. Maris soñaba con ser un escritor reconocido, no le dio tiempo. Tignous había dibujado un álbum maravilloso sobre el juicio Colonna, era miembro de la prensa judicial y tampoco había acabado de explorar su genio gráfico.

Tignous estaba tan implicado como los demás en los movimientos sociales antirracistas, de solidaridad con los más desfavorecidos... En todos.

Ambos vivieron la degradación de la situación de *Charlie* entre 2006 y 2015, que condujo inexorablemente al atentado.

La mecha de ese atentado la encendieron los imanes daneses en 2006. Pero era una mecha muy larga, estuvo ardiendo durante casi diez años, y en todo ese tiempo muchos la soplaron, no para apagarla, sino para mantenerla encendida. Para alimentarla. Para darle oxígeno. Esta no es la crónica de las complicidades intelectuales, porque en una sala de audiencias el término complicidad es impropio, sino del cinismo y de las componendas ordinarias.

Durante nueve años, del 2006 al 2015, los niños mimados de la república no dejaron nunca de reprocharnos que ejerciéramos nuestros derechos —arrancados a la Iglesia y al Estado— y necesitaban un argumento. Claro, no podían decir: “Restablezcamos la prohibición de la blasfemia”, así que dijeron, como Emmanuel Todd: “Estáis humillando a la población más desfavorecida”. Salvo que este argumento de la humillación era una bomba de relojería que explotó mucho más allá del asunto *Charlie* y está dislocando a nuestra sociedad y transformando a seres humanos en fanáticos. Este sentimiento de humillación inquietaba ya a Claude Lévi-Strauss en 1955, en su libro *Tristes trópicos,* porque creaba un deseo de "aniquilación del otro". El problema del Otro, otra vez el Otro.

Algunos han alimentado con glotonería ese sentimiento. No lo digo para ajustar cuentas, sino porque todo esto debe ser motivo de reflexión, de modo que no vuelva a suceder. Este juicio tiene que servir también para eso.

Recordemos lo que dijo Farid Benyettou, otra vez él: "Siempre existió en los Hermanos Musulmanes una voluntad de decir que la gente tiene manía al islam". Esta trampa de la culpabilización ha funcionado a la perfección.

¿Quién ha soplado la mecha, un poco, mucho, apasionadamente?

Ocurrió en tres grandes etapas. La primera fue la de la publicación de las caricaturas danesas; estamos en 2006. Ya les he hablado de Jacques Chirac, que era por entonces presidente de la República. Su primer ministro, Dominique de Villepin, el 3 de febrero del 2006, dijo lo siguiente en una conferencia de prensa en la ciudad de Troyes: "Claro está que hay que evitar todo lo que hiere inútilmente, especialmente en el terreno de las convicciones religiosas". Esta es la versión según la cual las caricaturas tienen que ser amables.

Luego intervino Pascal Clément, su ministro de Justicia, en la emisora RTL —el mismo 3 de febrero del 2006—, en respuesta a la noticia de la Agence France-Presse, que anunciaba la publicación de las caricaturas en *Charlie Hebdo:* "Tenemos que entender que nosotros, un país católico, estamos acostumbrados a esas burlas. En cambio, tal vez los que pertenecen a la cultura musulmana no lo están y les resulta profundamente chocante". Esta es la tesis según la cual los musulmanes carecen de humor, no tienen perspectiva sobre sí mismos, son incapaces de entender y, en consecuencia, hay que tratarlos como niños. ¿Quién es el racista? Desde luego no nosotros ni nuestros dibujos, sino esas palabras.

Philippe Douste-Blazy, ministro de Asuntos Exteriores, ese mismo día en La Chaine Info (LCI): "No está bien asimilar toda una religión a un movimiento extremista y terrorista".

Jean-Marie Le Pen, presidente del Front National, el 2 de febrero del 2006: "Los creyentes tienen derecho al respeto de sus creencias, ya sean musulmanes, judíos o cristianos". No, señor Le Pen, no tienen derecho, tiene que repasar sus apuntes de la universidad.

Renaud Donnedieu de Vabres, ministro de Cultura y Comunicación: "A mí me parece un deber de ese diario [*France-Soir*] respetar las convicciones religiosas y filosóficas de nuestros conciudadanos". Pues no, señor Donnedieu de Vabres, de quien lo lógico, nos parece, habría sido que, al menos él, en razón de su cargo en el Gobierno, buscase proteger la libertad de expresión.

Las creencias nunca pueden exigir respeto. Sólo los hombres tienen ese derecho. Ninguna creencia, ninguna idea, ninguna opinión puede exigir no ser debatida, criticada, caricaturizada.

Porque de lo contrario sólo aceptaríamos vivir entre personas que pensaran lo mismo que nosotros. Y todo debate, toda controversia sería considerada "ofensiva". Ese es el camino del oscurantismo. Las ideas se confrontan y se debaten.

Élisabeth Guigou, quien fuera ministra de Justicia, dijo el 3 de febrero del 2006: "Es odioso asimilar islam y terrorismo. La amalgama es totalmente inadmisible y entiendo que choque y hiera a los musulmanes, porque el islam es una religión de paz".

¿Una religión de paz? Los que consideren que son religiones de paz nunca han leído el Corán o la Torá. En sus páginas se imaginan mil suplicios para los que se desvían del camino; amenazas, sanciones, métodos más crueles uno que otro para ejecutar a los condenados a muerte. No, no son textos de paz y amor.

Para ser sincero, solo el Nuevo Testamento lo es. El problema es que la religión católica ha causado muchas más muertes que todas las demás juntas. La matanza de San Bartolomé: tres mil muertos en París en una sola noche. Este edificio entero no daría abasto para organizar el juicio. Y treinta mil muertos en toda Francia esa misma noche. Si añadimos las Cruzadas y la Inquisición, son ya millones de muertos. Y volviendo al islam en épocas recientes: doscientos mil muertos en Argelia durante la década negra, cuatrocientos mil muertos en Siria, los yazidíes masacrados...

No, las religiones no están hechas de paz y amor. Son lo que los hombres hacen con ellas.

Esa prosa de la señora Guigou es el pecado original. Es negarse a ver la parte oscura de uno mismo o, dicho de otro modo, tener la voluntad de mentirse y sumergirse en esa oscuridad, de alimentarla.

Las religiones han estructurado a la humanidad aportándole una moral, pero también pueden conducirla a lo peor.

Prosigamos. Marielle de Sarnez: "El laicismo consiste también en evitar herir sensibilidades". Pues, de ser así, qué agraciada habría sido la ley de 1905. Me permito recordar que sin contemplaciones se envió al ejército a los curas recalcitrantes.[19]

El Movimiento contra el Racismo y por la Amistad entre los Pueblos (MRAP) denunció a *Charlie Hebdo* por islamofobia rampante, pero por lo menos está aquí presente hoy, y se lo agradezco. No así la Liga de los Derechos Humanos. Es la única gran asociación antirracista ausente. Fundada en tiempos del

---

19 Los inventarios de los bienes de la Iglesia católica, derivados de la ley de 1905, que consagraba la separación entre Iglesia y Estado, provocaron en ocasiones incidentes violentos que fueron reprimidos por el ejército en regiones tradicionalistas y católicas, como Bretaña, la Vendée, Macizo Central... [N. del T.]

caso Dreyfus, hoy no está aquí respaldando a las víctimas del Hyper Cacher. Fue creada por Ferdinand Buisson, uno de los inventores del laicismo, ferviente defensor de la libertad de expresión y de las caricaturas, pero no está hoy al lado de las víctimas de *Charlie Hebdo.* Tiene cosas mejores que hacer. Prefiere defender al Colectivo contra la Islamofobia en Francia (CCIF). La elección de los combates dice mucho. Es un verdadero naufragio, una traición a su historia. Evidentemente, la Liga de los Derechos Humanos también nos ha acusado de provocación.

Y Robert Ménard, entonces secretario general de Reporteros sin Fronteras, que denunciaba a las caricaturas: "Tal y como está el ambiente, en Occidente hay que parar un poco y no hacer gestos que puedan ser interpretados como provocaciones".

También Franco Frattini, comisario europeo para la Justicia y la Seguridad —que no es poco—, quien el 9 de febrero del 2006 invitaba a la prensa a considerar la posibilidad de crear "un código de conducta para evitar una reedición de la crisis suscitada por la publicación de las caricaturas de Mahoma".

Toda esta gente tiene responsabilidad. Hicieron nacer la idea de que las caricaturas eran injustas, de que éramos enemigos de los musulmanes, enemigos librando una guerra injusta. Nos colgaron un blanco en la espalda.

Todo fue aún más lejos, y en 2006 los dos diputados de la Unión por un Movimiento Popular (UMP) de entonces, uno de los cuales era el señor Éric Raoult, vicepresidente de la Asamblea Nacional, presentaron un proyecto de ley para restablecer el delito de blasfemia y modificar la legislación en este sentido: "Todo discurso, grito, amenaza, impreso, dibujo o cartel insultante que atente voluntariamente contra los fundamentos de la religión es una injuria".

Pero ¿cuáles son los fundamentos de la religión de la que estaría prohibido burlarse y que yo estaría obligado por ley a respetar? ¿Que Eva fue creada a partir de una costilla de Adán? ¿Que Dios eliminó las patas de las serpientes para castigarlas por haber inducido a la tentación? ¿Que Moisés partió el mar por la mitad? ¿Que Jesús caminó sobre el agua? ¿Que setenta vírgenes están esperando a los kamikazes? ¿Qué cosas estaría yo obligado por ley a respetar? ¿El derecho a pegarle a tu mujer cuando no se porta bien? ¿Cuáles son los fundamentos de la religión que ya no podrían cuestionarse sin cometer un delito penal?

¡Qué bello espíritu de resistencia!

Esta cobardía y esta traición nos han dejado expuestos, nos han puesto en peligro durante mucho tiempo a nosotros y a nuestro país.

Finalmente, los hay aún peores, como por ejemplo el Partido de los Indígenas de la República (PIR), que interpreta de este modo las caricaturas en su página web: "Estigmatizar a negros o musulmanes no es realmente amoral, ni siquiera delito, porque no se trata verdaderamente de franceses. ¿Acaso son siquiera seres humanos?". Esta literatura odiosa y victimaria es el carburante del terrorismo.

Llego así a la segunda etapa, me acuerdo como si fuera ayer. Se trata evidentemente del 1 de noviembre del 2011. Por primera vez en Francia, se prende fuego un diario. Se hubiera podido esperar un respaldo unánime, pero no fue así.

Una nueva catarata de acusaciones se precipita sobre *Charlie Hebdo.* El Consejo Francés del Culto Musulmán (CFCM) y su presidente, el señor Mohammed Moussaoui, deploran vivamente el tono caricatural del periódico en lo que al islam se refiere. Dalil

Boubakeur[20] fustiga las amalgamas, o sea, las asimilaciones automáticas de la violencia y el islam, la estigmatización y la islamofobia. Aún más grave, el PIR califica a *Charlie Hebdo* como "uno de los sostenes privilegiados de las campañas de estigmatización del islam, en consonancia con sus tomas de posición en favor de las guerras imperiales americanas y de la política israelí... *Charlie* fortalece el imaginario dominante y estimula la política de exclusión y represión llevada a cabo por el Gobierno en contra de los barrios populares... *Charlie Hebdo* llama a votar por Marine Le Pen".

Pero lo peor llega con la petición publicada cuatro días después del incendio, el 5 de noviembre de 2011, "en contra del apoyo a *Charlie Hebdo*", firmada por eminentes personalidades, como Christine Delphy[21] y Rokhaya Diallo.[22] Cuatro días después del incendio, es-

[20] Dignatario de la comunidad musulmana de Francia. Fue rector de la Gran Mezquita de París hasta 2020. [N. del T.]

[21] Cofundadora del Movimiento de Liberación de las Mujeres en 1970 y de las revistas *Questions Féministes* (1977-1980) y, junto a Simone de Beauvoir, *Nouvelles Questions Féministes* (de 1980 a la actualidad). [N. del T.]

[22] Periodista, directora de cine y escritora. Es también activista antirracista. Milita contra la ley que prohíbe los signos religiosos en las escuelas públicas francesas. [N. del T.]

tas señoras consideran que no "hay lugar para apiadarse de los periodistas de *Charlie Hebdo* y que los daños ocasionados sin duda estarán cubiertos por su compañía de seguros...".

Denuncian directamente a un Estado "nacional laico", asimilando Francia con el nazismo. Denuncian "las lecciones de tolerancia dirigidas por la élite blanca a los musulmanes", así como "la obsesión islamófoba" del semanario, y todo, como de costumbre, sobre un fondo de victimización, quejándose de no tener nunca acceso a los medios, mientras que la señora Diallo es omnipresente en ellos, tiene tribuna abierta en todos lados, incluso en publicaciones a las que nosotros ya no podemos acceder, y acaba de ser contratada como editorialista por *The Washington Post*. Se queja de que la estigmatizan cuando sólo se la escucha a ella. La victimización y la culpabilización constituyen sin duda un buen fondo de comercio.

Última etapa, y es aquí cuando entendí que habíamos perdido la batalla. Un oscuro video de catorce minutos realizado en Estados Unidos sobre la vida del profeta, "La inocencia de los musulmanes", provoca nuevas manifestaciones, algunas decenas de muertos, entre ellos el embajador estadounidense en Libia, y en el mundo no se habla de otra cosa. *Charlie Hebdo* no podía no tratar esta noticia e hizo su portada, pero esta vez con una parodia de la película *Los intocables*. Colocamos a un rabino al lado de un imán creyendo que así nadie nos molestaría. Pues no, nuestros detractores fueron a buscar las caricaturas en las páginas interiores del periódico. Hay que ser realmente masoquista y tener ganas de hacerse daño para ir buscando de esa manera algo de lo que ofenderse. ¿Qué necesidad tenían de comprar *Charlie Hebdo*?

Nuevo escándalo a escala mundial.

El 18 de septiembre del 2012, Jean-Marc Ayrault, primer ministro de François Hollande, "quiere expresar su desaprobación frente a cualquier exceso", hace un llamado al "espíritu de responsabilidad" de cada uno. De nuevo, Dalil Boubakeur, y más tarde Laurent Fabius, ministro de Asuntos Exteriores, habla de "echar gasolina al fuego" y de la necesidad de ser "responsable". El señor Moussaoui y el CFCM, naturalmente. Brice Hortefeux,[23] quien denuncia una "provocación inútil".

[23] Político francés, miembro del partido Unión por el Movimiento Popular. [N. del T.]

Jean François Copé,[24] que también habla de provocación. Monseñor André Vingt-Trois, cardenal francés, sigue con eso de la provocación. Y también esta perla de las peores: "Son masoquistas [...], les debe de gustar hacerse daño, porque se dicen: 'Vamos a golpear, así vendrá la policía, tendremos miedo, qué bien lo vamos a pasar'"... Daniel Cohn-Bendit, el 20 de septiembre del 2012 en la cadena de BFM TV. Nunca le oí disculparse por esas palabras miserables.

Y el Nuevo Partido Anticapitalista (NPA), de extrema izquierda, también: "*Charlie Hebdo* participa de la imbecilidad reaccionaria del choque de civilizaciones". Uno se pregunta si el NPA puede, en algún contexto, escribir una frase sin utilizar el término "reaccionario".

Rachida Dati, el 20 de septiembre de 2012: "Han dado un golpe editorial, por no decir un golpe de marketing". Y ella sabe bien de lo que habla cuando evoca al marketing...[25]

---

[24] Miembro también de Unión por el Movimiento Popular y alcalde de la ciudad de Meaux. [N. del T.]

[25] Fue ministra de Justicia de Sarkozy y resultó imputada por corrupción, tráfico de influencias y desvío de fondos, por su trabajo como asesora de la alianza automovilística Renault-Nissan. [N. del T.]

Pascal Boniface,[26] el 21 de septiembre en *Le Nouvel Observateur,* califica a *Charlie Hebdo* de "tontos racistas" y los acusa de ser "multirreincidentes contra los musulmanes". Insiste: "El peor favor a ese periódico sería que se cometiera un acto violento contra él". Menudo favor…

Podríamos citar también a Dounia Bouzar,[27] que nos reprocha "musulmanofobia" precisando: "A lo largo de los años, *Charlie* se ha hecho tan extremista como aquellos a los que pretende combatir". Dounia Bouzar, a quien el Estado subvencionó generosamente a través de su asociación dedicada a la desradicalización y a la que ese gran primer ministro que fue Jean-Marc Ayrault designó como miembro del Observatorio del Laicismo. Es el mundo al revés.

Y llega el turno de los raperos. Con ellos pasamos a un nivel de franca violencia.

Nekfeu, el 22 de noviembre del 2013: "Reclamo un auto de fe para esos perros de *Charlie Hebdo*".

---

[26] Fundador y director del Instituto de Relaciones Internacionales y Estratégicas (IRIS). [N. del T.]

[27] Fundadora del Centro de Prevención de las Derivas Sectarias Ligadas al Islam. [N. del T.]

Disiz la Peste: "Esos mismos atontados se permiten dibujar lo que a ellos les hace gracia... Incluso si fueran mudos, les cortaría la palabra. Si quieren saber cómo lo haría, pues les cortaría las manos".

Estas simpáticas afirmaciones se hacen eco de las del famoso Mehdi Meklat, que, en sus tuits con su propio nombre, escribía: "Charb, tengo ganas de romperte el culo con cuchillos Laguiole" el 21 de octubre del 2014; "Les deseo la muerte", el 4 de noviembre del 2014; y "Que se muera", el 18 de noviembre del 2014. Ello no impedirá, de todos modos, a la revista *Les Inrockuptibles* dedicarle una portada gloriosa el 1 de febrero del 2017.

Todos ellos tienen responsabilidad moral por los crímenes cometidos. Lo único que nosotros hicimos fue ejercer la libertad de crítica a las religiones.

Pero, entonces, ¿qué ocurrió después del 2015? Pues, a pesar de los muertos, de los heridos, de la barbarie, algunos siguieron queriendo alimentar al cocodrilo monstruoso, cuando lo que habría que haber hecho era dejarlo morir de hambre.

Les he hablado a ustedes de las declaraciones del papa y de Emmanuel Todd, pero hay muchas otras, innumerables; me ocuparé sólo de dos, las más infames, empezando por la de la señora Danièle Obono,[28] del 11 de enero del 2015, cuatro días después del espanto y el horror. Ella se niega a llorar por *Charlie* y siente deseos de escribir. Lo que le resulta insufrible no es el atentado, sino la manifestación del 11 de enero y esos compañeros suyos que participaron. Para ella, es ahí donde se encuentra "la insoportable violencia política, ideológica y simbólica". "Llora" pensando en las firmas de sus amigos llamando a la manifestación y que proclaman "Somos *Charlie*". Y vuelve a denunciar las "caricaturas racistas de *Charlie Hebdo*". Cuatro días después del atentado.

Tiene derecho a tener esas opiniones. Sus ideas me hacen daño, me golpean y me ofenden, pero no busco prohibirlas. Muy por el contrario, pelearé para que pueda seguir teniendo derecho a expresarlas. Pero hay que hacerse cargo. No se puede jugar en todos los tableros. Tiene que hacerse cargo de sus palabras; igual que el partido que le ha permitido ser diputada de la república. Y, a propósito

---

[28] Secretaria del Comité de Asuntos Europeos y miembro de la Comisión de Derechos de la Asamblea Nacional francesa por el partido Francia Insumisa. [N. del T.]

de esto, tengo que sacar a colación también durante este juicio la acusación renovada de presunta islamofobia formulada por el señor Jean-Luc Mélenchon, el 18 de septiembre pasado en una entrevista al diario *La Provence*. Según él, *Charlie* tendría una "mirada racista que estimula los excesos. Facilita la escalada *zemmourista*[29]". Esto es del nivel de Cyril Hanouna.[30] Quien dice esto es el mismo Mélenchon, que acusó a toda la comunidad chechena de causar problemas en razón de los actos de uno solo.[31]

Nosotros nunca recurrimos a semejantes atajos ni amalgamas. Eso sí es racismo. Y eso es lo que nos hemos negado siempre a hacer. El señor Jean-Luc Mélenchon, por su parte, no lo duda. Con tal de conseguir votos, es capaz de recurrir al deshonor.

---

[29] Hace referencia a la entrada en la política francesa de Éric Zemmour, candidato de extrema derecha a la presidencia de la república. [N. del T.]

[30] Humorista muy conocido de la televisión francesa que mantiene opiniones polémicas sobre la actualidad. [N. del T.]

[31] En unas declaraciones, Mélenchon pidió que se examinara la situación de los chechenos en Francia porque el asesino de Samuel Paty, que fue decapitado en plena calle, era de origen checheno. [N. del T.]

Por lo demás —y con esto termino—, hubo un texto que resume todos estos tenebrosos apaños. Es el de Virginie Despentes,[32] ícono de cierta izquierda, la izquierda de *Los Inrockuptibles*. Estamos a 17 de enero del 2015, diez días después del atentado, y escribe de nuevo en un artículo de dicha revista lo siguiente: "Y yo también he sido uno de esos muchachos que entran con sus armas. Los que acababan de comprarse una Kalashnikov en el mercado negro y habían decidido a su manera, la única accesible para ellos, morir de pie antes que vivir de rodillas. También a mí me han gustado esos que obligan a levantarse a sus víctimas pidiéndoles que revelen su identidad antes de pegarles un tiro en la cara. Me ha gustado también su desesperación". Los quiere, los glorifica, los encuentra viriles. Para ella, la valentía es eso. Creo que no hace falta añadir nada. Únicamente le sugeriría a la señora Despentes que ponga su hermosa pluma al servicio de la redacción de los comunicados de Al Qaeda, confortablemente instalada en la mesa de un café de

---

[32] Cineasta y escritora feminista, autora entre otras de la novela *Fóllame,* de gran difusión en Francia. [N. del T.].

Saint-Germain-des-Prés. Podría permitírselo, nadie le ha reprochado esas palabras.

Que todas esas personas sepan que *Charlie* ha estado metido en todos los combates antirracistas junto a SOS Racismo y la Unión de Estudiantes Judíos de Francia (UEJF), a los que aprovecho para rendir homenaje, porque siempre han estado a nuestro lado en las situaciones más adversas. Cuando todos flaqueaban, ellos seguían allí.

Que todas esas personas entiendan que renunciar a la libertad de expresión equivaldría también a abandonar a millones de musulmanes, periodistas, escritores, intelectuales, mujeres, estudiantes que luchan por vivir libres. Si el país de la Ilustración renunciara a esta libertad, ya no quedaría esperanza alguna. No podemos olvidarnos de ellos. Nos necesitan para seguir manteniendo la esperanza. Y queda esperanza, vaya que sí. Los discursos políticos han cambiado durante este juicio. Ya no se escuchan condenas, ni insultos ni se echa gasolina al fuego, salvo por parte del señor Mélenchon y de la señora Royal.[33] Pero sobre todo hemos observado la emergencia de un discurso nuevo por parte

[33] Ségolène Royal, política que tampoco apoyó a *Charlie Hebdo* tras el atentado del 2015. [N. del T.]

de los responsables del islam en Francia. Y deseo rendir homenaje al nuevo rector de la mezquita de París, Chems-Eddine Hafiz, de quien recuerdo fuera mi adversario en la época del juicio de las caricaturas, puesto que era el letrado de la mezquita, que hoy desarrolla un discurso sobre un nuevo islam republicano, que reconoce que el derecho a la caricatura es un componente de la libertad de expresión y que, sobre todo, condena los discursos victimistas, esos discursos venenosos cuyos estragos y riesgos colosales él ve todos los días.

El señor Moussaoui, presidente del CFCM, aunque más fluctuante, ha terminado por defender los valores de la república, rechazando la facilidad de pretender una supuesta discriminación de Estado. Este es un punto de inflexión, y aunque solo sea por eso, este juicio también lo será.

Los tres meses de este juicio han sido trágicos, pero también un formidable acelerador de la marcha de nuestra historia colectiva que nos ha conducido a una bifurcación. No sé qué dirección tomaremos, si la del crepúsculo de la Ilustración o la de una nueva aurora. En cualquier caso, lamentablemente, habrá más atentados, más muertos y más juicios. Así que esperemos que sea para volver a convertirnos en ese pueblo que hace ya tanto tiempo inspiró al mundo con la idea de la libertad, la idea de la aceptación del Otro. Es nuestro sueño colectivo desde hace trescientos años, y no tenemos otras opciones. No hay salvación en la cobardía. Espero que no seamos la generación que vuelva la espalda a su historia y a su porvenir.

Ha llegado para mí el momento de pronunciar las últimas palabras. Serán para Charb, evidentemente. He querido que Denise y Michel, sus padres, estuvieran en esta sala. Su hijo era mágico, formaba parte de esos seres que dejan una huella eterna en aquellos con quienes se cruzan. Nos inspira, nos estimula, y en momentos de duda, cuando el cansancio nos vence, cuando estamos hartos, cuando tenemos ganas de recuperar una vida normal, es de nuevo él quien nos infunde valor.

Charlie vivirá.

Cronología de los acontecimientos 2004-2020

2 de noviembre del 2004: asesinato de Theo van Gogh.

17 de septiembre del 2005: entrevista de Kåre Bluitgen en el periódico de izquierda danés *Politiken,* titulada "Miedo profundo de la crítica al islam". En ella, se denuncia la autocensura reinante en Dinamarca desde el asesinato de Theo van Gogh.

Septiembre del 2005: Flemming Rose, del *Jyllands-Posten,* contacta con el sindicato de caricaturistas daneses de este modo: "Si tuvieran que representar al profeta, ¿lo dibujarían?".

30 de septiembre del 2005: el *Jyllands-Posten* publica la respuesta: doce caricaturas recibidas.

14 de octubre del 2005 (mes del Ramadán): el diario egipcio *Al-Fagr* publica seis de las caricaturas del *Jyllands-Posten.* Ninguna reacción por parte de las autoridades religiosas ni gubernamentales.

7 y 8 de diciembre del 2005: inscripción de la cuestión de las caricaturas en el orden del día de la cumbre de la Organización de la Conferencia Islámica (OCI) en La Meca.

31 de diciembre del 2005: alerta de bomba en el *Jyllands-Posten.*

18 de enero del 2006: denuncia de la publicación de las caricaturas por parte de la OCI.

26 de enero del 2006: el embajador saudí, el kuwaití y el iraní en Copenhague son llamados a consulta por sus respectivos países. La Liga Árabe y la OCI anuncian que se disponen a solicitar de la Organización de las Naciones Unidas (ONU) una resolución que prohíba los ataques a las religiones.

1 de febrero del 2006: publicación de las caricaturas en el diario *France-Soir,* seguida del despido de su director. Manifestaciones importantes en numerosos países musulmanes.

5 de febrero del 2006: asesinato de Andrea Santoro, sacerdote italiano en Turquía, en respuesta a la publicación de las caricaturas. Ataques a embajadas occidentales en Irán, Siria y Líbano.

7 de febrero del 2006: reiteradas demandas para que se prohíba la publicación de *Charlie Hebdo.* Todas ellas desestimadas.

8 de febrero del 2006: publicación de las caricaturas en *Charlie Hebdo.*

18 de julio del 2006: demanda directa a *Charlie Hebdo* por iniciativa de la Sociedad de Habous (mezquita de París).

3 de agosto del 2006: demanda directa a *Charlie Hebdo* por parte de la Unión de las Organizaciones Islámicas de Francia (UOIF).

22 de septiembre del 2006: presentación voluntaria de la Liga Islámica Mundial sumándose a las persecuciones.

7 y 8 de febrero del 2007: juicio contra la publicación de las caricaturas ante la sala 17 del Juzgado de Primera Instancia de París.

22 de marzo del 2007: el Juzgado de Primera Instancia absuelve a *Charlie Hebdo.*

23 de enero del 2008: absolución confirmada por la sala 11 del Tribunal de Apelación de París.

12 de noviembre del 2008: el Tribunal Supremo rechaza el recurso de la Liga Musulmana Mundial.

2 de noviembre del 2011: incendio intencional de los locales de *Charlie Hebdo.*

7 de enero del 2015: atentado contra *Charlie Hebdo.* Doce muertos, cuatro heridos graves.

22 de septiembre del 2020: apertura del juicio por los atentados a *Charlie Hebdo* y al Hyper Cacher ante el Tribunal Penal Especial de París.

31 de octubre del 2020: suspensión del juicio, porque tres de los acusados dan positivo por COVID.

2 de diciembre del 2020: reanudación del juicio tras un mes de interrupción.

4 de diciembre del 2020: alegato en favor de *Charlie Hebdo.*

16 de diciembre del 2020: se pronuncia el veredicto. Las catorce personas acusadas, tres de ellas ausentes, son condenadas a penas que van de los cuatro años de prisión a cadena perpetua. Dos de ellas apelan la sentencia.